AF463105

REVUE COMIQUE

DU

SALON DE 1851

Paris

Au Bureau du CHARIVARI

16, Rue du Croissant.

REVUE COMIQUE
DU SALON DE 1851

PAR

CHAM.

Projet de placement pour les tableaux supplémentaires. — Plan proposé par un marchand de jambons.

PARIS
AU BUREAU DU JOURNAL LE CHARIVARI,
16, RUE DU CROISSANT.

IMPRIMERIE LANGE LÉVY ET COMP., 16, RUE DU CROISSANT, A PARIS

Transport des tableaux. — Un Saint éprouvant un nouveau martyr.

Tentatives d'escalade inutiles d'un artiste qui apporte son tableau au concierge de l'exposition après que l'heure fatale a sonné.

Allégresse du peintre dont les tableaux ont été admis par le jury

Fureur d'un artiste qui apprend par le suisse du Palais-National que son tableau est refusé par le jury.

Désespoir du rapin qui apprend par le livret que ses dix-huit tableaux ont été refusés par le jury.

L'architecte de la baraque de l'exposition ayant eu l'imprudence de ne pas tenir compte de la pression exercée par la curiosité publique.

Politesse des artistes qui tiennent à obtenir des commandes du gouvernement.

Aspect éblouissant d'un tableau représentant le Soleil dans son plein.

Bon bourgeois riant de confiance devant un tableau de Biard qu'il ne peut pas même apercevoir.

Désagrément de se trouver derrière un amateur qui recule pour chercher son point d'optique.

LES ENROLEMENTS VOLONTAIRES.

Les enrolés défilent sur le Pont-Neuf, et lorsqu'ils passent devant Marat ils se mettent à danser la polka pour le faire enrager d'avoir les jambes si mal faites.

Les *Casseurs de pierres*, remarquable toile... de pantalons.

Bourgeois occupés à admirer un effet de nuit.

EFFET D'UN TABLEAU TROP ÉMOUVANT.

— Ah ! mon Dieu ! voilà ma femme évanouie... Adélaïde, reprends tes sens... la première fois que tu voudras revenir au Salon, je ferai enlever le tableau de M. Muller.

Le farouche critique Gustave Planche dans l'exercice de ses fonctions.

Jeune fille obligée de se coucher par terre tant elle est fatiguée par sa croissance.

Portrait en *pieds flattés* de M. Dupin.

Portrait d'un petit garçon qui a été décoré à l'école à cause de ses cheveux.

Mauvais Samaritain, par M. Delacroix.

Le Giaour enfourchant un cheval-crocodile de l'invention de M. Delacroix pour poursuivre les ravisseurs de sa maîtresse.

LES CASSEURS DE PIERRE DE M. COURBET.

— Pourquoi donc, papa, qu'on appelle ça de la peinture socialiste ?

— Parbleu ! parce qu'au lieu d'être de la peinture riche, c'est de la pauvre peinture !...

Un homme du monde obligé de s'habiller en paysan pour faire peindre son portrait par M. Courbet.

M. Courbet consultant un croque-mort sur son tableau d'un enterrement breton,

RÉFLEXION PHILOSOPHIQUE.

— Si c'est pas honteux !... des gens qui n'ont pas de quoi s'habiller et qui vont chez des peintres pour se commander leur portrait !

Jeunes femmes grecques suivant probablement un traitement pour la déviation de la taille.

Jacob cherchant à passer la jambe à l'ange pour le précipiter dans le grand escalier du palais de l'exposition.

Cherchant à copier la recette de M. Decamps pour accommoder les canards à l'huile.

UN TABLEAU DE M. DELACROIX.

La portière de lady Macbeth allant chercher la garde.

Tableau d'un grand prix de Rome.

Tableau de bataille.

Le *Combat de Kocorikoko*, bataille perdue... par suite du mauvais placement du tableau, qui est à contre-jour.

LES TABLEAUX DE MEISSONNIER,

— Est-on heureux de faire si petit que ça!... Si les puces avaient de l'argent, elles feraient toutes faire leur portrait par ce monsieur-là.

Fandango espagnol acheté par Mlle Lola Montès.

— Tiens, que signifient tous ces éléphans à la queue les uns des autres ?

— Parbleu, c'est une vue de l'Inde prise à Calcutta le jour de Longchamps !

Cavaliers du temps de Louis XIII venant déranger une dame au moment où elle s'apprête à ramoner sa cheminée.

Prométhée ayant l'air de s'ennuyer sur son rocher, les océanides s'empressent d'organiser une partie de saut de mouton pour le distraire.

Portrait d'un monsieur, jurant sa parole d'honneur et sa main sur la poitrine, que ses cheveux sont bien à lui.

Tableau représentant probablement la famille d'un marchand d'ombrelles.

M. Thiers quittant au plus vite la salle de l'exposition en y trouvant le buste de M. Proudhon.

LE GARDIEN. — Monsieur, voulez-vous bien ne pas toucher au buste de M. Pierre Dupont!

LE MONSIEUR. — Pardon, monsieur, je croyais que c'était le modèle d'une nouvelle boîte aux lettres!

Tableau religieux. — Saint-Silvestre

Saint Sébastien, vierge et martyre.

— Mort de Job... Qu'est-ce que ce sujet-là?
— Dam! il faut croire qu'il a perdu la clé de sa porte, alors il expire sur le paillasson de son carré, entouré de tous les locataires de la maison..

Saint Paul, dans l'espoir d'attirer la foule dans le désert, fait ses prières dans les postures les plus variées et les plus difficiles.

Portrait d'une dame non moins maigre que sentimentale

Portrait de la baronne de ..

Portrait d'une dame qui a eu l'idée de se faire représenter dans un négligé coquet.

Portrait d'un pacha turc, nouveau costume.

— Nous voici arrivés aux statues!...
— Eugénie, mon enfant, baissez votre voile et ne levez pas les yeux.

Buste de l'ambassadeur du Népaul, ne pas confondre avec celui de l'inventeur du clyso-pompe.

Un morceau de sculpture du plus grand mérite, mais à peu près imperceptible.

LE GRAND CHEVAL DE BRONZE.

— Cristi! v'là un cheval qui doit avoir le trot furieusement dur!...

Désespoir du factionnaire de la cour du Palais-National, sans cesse occupé à éloigner tous les chiens du quartier Richelieu attirés par l'ours de M. Frémiet.

— Tiens! une ourse qui danse une polka avec un mossieu... c'est très drôle.

SUITES D'UN OUBLI.

— Sapristi!... tu es donc fou de casser cette statue!
— Tiens!.. j'ai oublié mes lunettes à la maison!... je croyais que c'était un ours véritable!...

Le modèle de M. Frémiet, statuaire, venant demander à la portière la clé de l'atelier.

LE BOURGEOIS. — Je cherche le tableau n° 9467.
LE GARDIEN. — Monsieur, cherchez-le là-dedans, il est probable qu'il n'est pas encore placé.

— Monsieur, j'ai vu votre tableau à l'exposition, je viens vous faire une commande.
— Vous l'avez trouvé bien alors?
— Monsieur, vous allez me peindre ma porte cochère et tous les volets de ma maison.

EXPOSITION DE PEINTURE EN 1852.

M. Courbet ayant fait école, on ne trouvera en 1852, en fait de peintures, rien que des tableaux représentant des paysans.

EXPOSITION DE SCULPTURE EN 1852.

M. Frémiet ayant fait école, tous les artistes exposent uniquement des ours.

EN VENTE
au Bureau du Charivari.

Proudhoniana	60	Dessins par Cham.
Les Folies du Jour	60	d°.
Coups de Crayon	60	d°.
Banque Proudhon	60	d°.
Proudhon en voyage	60	d°.
Revue comique de l'exposition	60	d°.
Les Représentans en vacances	60	d°.
Mélanges comiques	60	d°.
Les voyages d'agrément	60	d°.
La Grammaire illustrée	60	d°.
Variétés drolatiqes	60	d°.
Soulouque et sa Cour	60	d°.
Croquades	60	d°.
Croquis en l'air	60	d°.
Nouvelles Charges	60	d°.
Revue comique du Salon de 1851	60	d°.

Lith. Decan _ Paris.

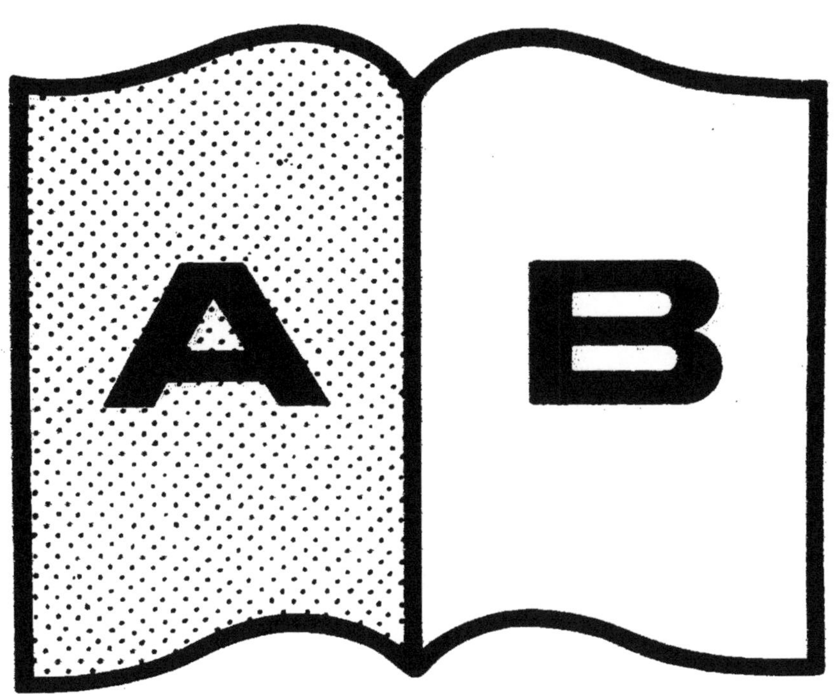

Contraste insuffisant

NF Z 43-120-14

www.ingramcontent.com/pod-product-compliance
Ingram Content Group UK Ltd.
Pitfield, Milton Keynes, MK11 3LW, UK
UKHW021030200726
13857UKWH00004B/1684